Pour tous les enfants du monde qui lèvent les yeux vers ce ciel que nous partageons tous et observent les étoiles. — *Rola Shaw*

Pour Hattie. — *Lara Hawthorne*

Catalogage avant publication de Bibliothèque et Archives Canada

Titre: Les étoiles de la nuit / Rola Shaw ; illustrations de Lara Hawthorne ; texte français d'Hélène Rioux.
Autres titres: Night sky. Français
Noms: Shaw, Rola, auteur. | Hawthorne, Lara, illustrateur.
Description: Traduction de : Night sky.
Identifiants: Canadiana 20210185295 | ISBN 9781443191135 (couverture rigide)
Vedettes-matière: RVM: Astronomie—Ouvrages pour la jeunesse. | RVM: Ciel—Ouvrages pour la jeunesse.
Classification: LCC QB46 .S5314 2021 | CDD j520—dc23

Version anglaise publiée initialement au Royaume-Uni en 2021 par Farshore Books UK Limited, une division de HarperCollins Publishers Ltd, sous le titre *Night Sky*.

Copyright © Rola Shaw, 2021, pour le texte anglais.
Copyright © Lara Hawthorne, 2021, pour les illustrations.
Copyright © Éditions Scholastic, 2021, pour le texte français.
Tous droits réservés.

Rola Shaw et Lara Hawthorne ont revendiqué respectivement leurs droits moraux en tant qu'auteure et illustratrice de cet ouvrage.

Il est interdit de reproduire, d'enregistrer ou de diffuser, en tout ou en partie, le présent ouvrage par quelque procédé que ce soit, électronique, mécanique, photographique, sonore, magnétique ou autre, sans avoir obtenu au préalable l'autorisation écrite de l'éditeur. Pour toute information concernant les droits, s'adresser à Farshore Books UK Limited, une division de HarperCollins Publishers Ltd, The News Building, 1 London Bridge Street, Londres SE1 9GF, R.-U.

Édition publiée par les Éditions Scholastic, 604, rue King Ouest, Toronto (Ontario) M5V 1E1, avec la permission de HarperCollins Publishers Ltd.

5 4 3 2 1   Imprimé en Chine CP127   21 22 23 24 25

Les étoiles de la nuit

Rola Shaw

Illustrations de Lara Hawthorne

Texte français d'Hélène Rioux

■Scholastic

Le ciel nocturne

Il y a très, très longtemps, les étoiles brillaient la nuit dans le ciel. Elles scintillaient au-dessus des dinosaures tout comme elles brillent aujourd'hui au-dessus de nous. Ces flamboyants grains de lumière sont d'énormes boules de gaz qui se trouvent à des milliards de milliards de kilomètres dans l'espace. Certaines étoiles semblent plus brillantes que les autres parce qu'elles sont plus près de la Terre, et d'autres, parce qu'elles sont plus chaudes et diffusent plus de lumière.

Les constellations

Le soir, la voûte céleste est illuminée par des étoiles qui semblent se déplacer selon des modèles fixes que nous appelons des constellations. Il y a 88 constellations dans le ciel autour de la Terre. En Europe, au Canada et à d'autres endroits au nord de l'équateur, nous voyons les étoiles et les constellations de l'hémisphère Nord. Au sud de l'équateur, dans des lieux comme l'Australie, ce sont les constellations de l'hémisphère Sud que les gens voient scintiller.

La Lune est l'astre le plus brillant dans le ciel nocturne.

Depuis des milliers d'années, nous utilisons les étoiles pour prédire les saisons, comprendre le fonctionnement du temps et nous guider lors de longs voyages sur la terre et par la mer. Les étoiles ont également donné aux raconteurs d'histoires l'inspiration à l'origine des mythes et des légendes.

La Voie lactée

D'immenses champs d'étoiles et de planètes en rotation coexistent dans notre galaxie, la Voie lactée. Tu peux la voir le soir, quand le ciel est dégagé et qu'il fait sombre. Elle ressemble à une gigantesque traînée pâle zébrant le ciel nocturne. La Voie lactée n'est qu'une galaxie parmi les milliards d'autres dans l'Univers!

La Croix du Sud

La Croix du Sud

Au sud de l'équateur, on peut voir la Croix du Sud, qui est la plus petite de toutes les constellations. Pour les peuples venda et sotho de l'Afrique du Sud, ses étoiles brillantes représentent deux girafes qui traversent le ciel.

Certains bousiers africains font rouler des boules d'excréments d'éléphant en ligne droite. Pour se guider, ils utilisent des motifs de lumière de la Voie lactée. Ils se déplacent rapidement, mangent les déjections ou les enterrent avec leurs œufs. Quand les œufs éclosent, les bébés scarabées mangent les excréments.

La légende du Kalahari

De nombreuses légendes existent dans le monde pour expliquer la naissance de la Voie lactée. Dans le désert du Kalahari, en Afrique du Sud, les membres du peuple khoïsan disent qu'une jeune fille a tracé un chemin d'étoiles dans le noir en lançant des braises et de la cendre enflammée dans le ciel.

Les agriculteurs de l'Antiquité

Il y a des milliers d'années, les horloges et les calendriers n'existaient pas. Comment les gens pouvaient-ils savoir si c'était le printemps, l'été, l'automne ou l'hiver? Le climat peut nous jouer bien des tours! Il n'est pas conseillé de planter des graines pendant un redoux hivernal. Les gens ont appris à observer la configuration changeante des étoiles de façon à prédire les saisons et à semer au moment propice.

Les nuits de printemps, la Grande Casserole est renversée, haut dans le ciel boréal.

Les nuits d'hiver, la poignée de la Grande Casserole est inclinée vers le sol.

La Grande Casserole

Dans l'hémisphère Nord, la Grande Casserole est composée de sept étoiles. Sa position change selon les saisons, mais on peut la trouver facilement grâce à sa longue « poignée » et à son gros « bol ». La Grande Casserole est un astérisme, c'est-à-dire qu'elle fait partie d'une constellation plus importante.

La Théière

Dans l'hémisphère Sud, dans la constellation du Sagittaire, tu peux voir huit étoiles formant une figure appelée la Théière. Pendant l'hiver, elle brille toute la nuit haut dans le ciel. Quand tu vois la Théière, tu regardes directement vers le centre de la Voie lactée.

Les nuits d'été, la poignée de la Grande Casserole pointe vers le haut.

Les nuits d'automne, la Grande Casserole apparaît dans la bonne position, très bas dans le ciel boréal.

Les Égyptiens de l'Antiquité

Les Égyptiens de l'Antiquité aimaient contempler les étoiles. Chaque année, ils attendaient que Sirius (l'étoile la plus brillante dans le ciel nocturne) se lève juste avant l'aube. Ils savaient alors que le fleuve Nil serait bientôt en crue et que leurs cultures allaient pousser. La crue du Nil marquait le début de l'ancienne année égyptienne, et c'était un temps de célébration.

Le Grand Chien et Orion

Sirius fait partie de la constellation du Grand Chien, dont le nom latin est *Canis Major*.

Le Grand Chien

Sirius

Orion

Le Grand Chien suit Orion, le chasseur dans le ciel.

Le *Livre de Nout*

Les Égyptiens de l'Antiquité vénéraient Nout, la déesse du ciel, de l'Univers et des mères. Ils croyaient que le corps de Nout se déployait autour de la Terre, créant le ciel. Ils disaient que, chaque nuit, Nout avalait le Soleil et qu'elle lui redonnait naissance le lendemain matin. Le *Livre de Nout* contient une variété d'histoires sur le ciel nocturne et les mouvements du Soleil, de la Lune et des planètes.

Les pyramides de Gizeh

Ces anciens tombeaux ont été construits pour les rois égyptiens, appelés pharaons. Les architectes et les astronomes se basaient sur la position du Soleil et des étoiles pour déterminer précisément le lieu où les pyramides se trouveraient, de sorte que leurs côtés soient parfaitement alignés avec les points cardinaux, c'est-à-dire le nord, le sud, l'est et l'ouest.

Les pyramides de Gizeh ont plus ou moins 4 500 ans.

Les Grecs de l'Antiquité

Autrefois, en Grèce, il y avait de nombreux conteurs et savants. Au deuxième siècle, un brillant astronome et mathématicien appelé Ptolémée a étudié le ciel nocturne. Il a répertorié 48 des 88 constellations que nous connaissons aujourd'hui et, pour les nommer, il s'est inspiré des personnages des légendes et des mythes grecs.

L'étoile Polaire

La Grande Ourse

La Grande Ourse, dont le nom latin est *Ursa Major*, est la plus grande constellation de l'hémisphère Nord et comprend la Grande Casserole. Regarde attentivement et tu verras, dans le bol de la Casserole, deux étoiles qui pointent vers Polaris, l'étoile Polaire.

Hypatie d'Alexandrie, l'une des premières femmes de science, était une astronome et une mathématicienne très douée.

Hercule et le Dragon

Ces constellations montrent Hercule, le nom romain du héros grec Héraclès, dont le pied est posé sur la tête de Draco, un mot latin qui signifie « dragon ». Selon ce mythe, Hercule triomphe du dragon qui garde les pommes d'or du jardin des Hespérides. C'est l'une des nombreuses histoires grecques que racontent les étoiles.

Les Grecs de l'Antiquité ont inventé des instruments comme la sphère armillaire pour repérer la position des étoiles et des planètes.

La Chine ancienne

Les Chinois croyaient que les événements qui se déroulaient la nuit dans le ciel reflétaient la vie sur la Terre. Une comète ou une éclipse pouvait être le signe d'une guerre ou d'une famine prochaines. Les astronomes travaillant à la cour impériale étaient chargés de repérer les mouvements du Soleil, de la Lune et des étoiles, et d'informer l'empereur des événements susceptibles de se produire.

On croyait que l'empereur était le fils du ciel.

Le Dragon bleu, symbolisant le printemps, se trouvait à l'est, soit à gauche sur les anciennes cartes chinoises.

L'Oiseau rouge, représentant l'été, se trouvait au sud.

Des palais dans le ciel

Les astronomes divisaient le ciel en cinq régions appelées « palais », ou « gong » en chinois. Le « gong » le plus important représentait l'empereur et sa famille. Le reste du ciel était divisé selon les points cardinaux, soit le nord, le sud, l'est et l'ouest.

La Tortue noire, représentant l'hiver, se trouvait au nord.

Le Tigre blanc, symbolisant l'automne, se trouvait à l'ouest.

Les astronomes chinois

Pendant le règne de la dynastie Song (de 960 à 1279), on a construit de nombreux observatoires afin que les astronomes de l'empereur puissent conseiller celui-ci en observant les étoiles, les planètes et les constellations. Les astronomes chinois ont inventé des outils incroyablement précis pour mesurer le temps. Ils ont même appris à prédire des événements inhabituels comme des pluies de comètes et de météores.

L'observatoire astronomique de Gaocheng a été construit en 1276.

Guo Shoujing

Guo Shoujing était un important astronome chinois. Il a construit un grand observatoire de pierre à Gaocheng. Là, il a mesuré l'angle de l'ombre du Soleil pour déterminer les saisons. En 1280, il a calculé la longueur d'une année, parvenant à la durée véritable à 26 secondes près. Il a ainsi créé un calendrier précis.

Une explosion scientifique

En 1609, un astronome italien nommé Galileo Galilei, ou Galilée en français, a tourné son télescope vers le ciel au-dessus de Padoue. Il a été ébahi en découvrant les cratères qui parsèment la Lune et les montagnes qui s'élèvent au-dessus de sa surface rocheuse. Peu de temps après, d'autres astronomes se sont mis à explorer le ciel nocturne. C'était le début d'une révolution scientifique!

Le télescope de Galilée

Galilée a été la première personne à se servir d'un télescope pour étudier le ciel nocturne et à noter ce qu'il voyait. Il a compris que le chemin de lumière dans le ciel, que nous appelons la Voie lactée, est constitué d'un grand nombre d'étoiles individuelles.

Copernic

À peu près 70 ans avant Galilée, un astronome polonais nommé Copernic avait affirmé que le Soleil se trouvait au centre de notre système solaire, et que la Terre et toutes les planètes tournaient autour de lui. La plupart des gens ne l'ont pas cru, mais Galilée a prouvé qu'il avait raison.

Isaac Newton

Grâce aux découvertes de Galilée, des astronomes ont déterminé la taille des planètes et la vitesse à laquelle elles tournent autour du Soleil. En 1687, Isaac Newton, un astronome anglais, a découvert l'incroyable force qui garde les planètes en rotation autour du Soleil et maintient tout le système solaire en place : la gravité!

Voici les planètes et le Soleil, presque tels que Galilée les a observés avec son télescope.

La navigation

Loin en mer, là où les vagues se dressent et retombent, un voyage peut se révéler une entreprise longue et périlleuse, et les eaux peuvent être inconnues. Les marins doivent savoir exactement où ils se trouvent et, pendant des milliers d'années, ils ont planifié leurs itinéraires et découvert de nouveaux territoires en suivant la position et les mouvements des étoiles.

Anciennes cartes du ciel

Les anciens marins polynésiens étaient d'incroyables navigateurs : ils sillonnaient l'océan Pacifique en se guidant avec les étoiles. Ils commençaient par localiser une étoile proche de l'horizon et naviguaient vers elle. Ils se tournaient ensuite vers une deuxième étoile quand la première s'était élevée dans le ciel. Les marins mémorisaient les séquences des étoiles pour chacun de leurs itinéraires, créant ainsi une carte du ciel. Aujourd'hui encore, de nombreux marins utilisent ces méthodes traditionnelles polynésiennes.

Bateau polynésien

La boussole

Vers les années 1100, les Chinois ont inventé l'un des plus importants outils de navigation : la boussole magnétique. L'aiguille magnétisée de la boussole s'aligne avec les pôles de la Terre, ce qui indique aux marins où est le nord.

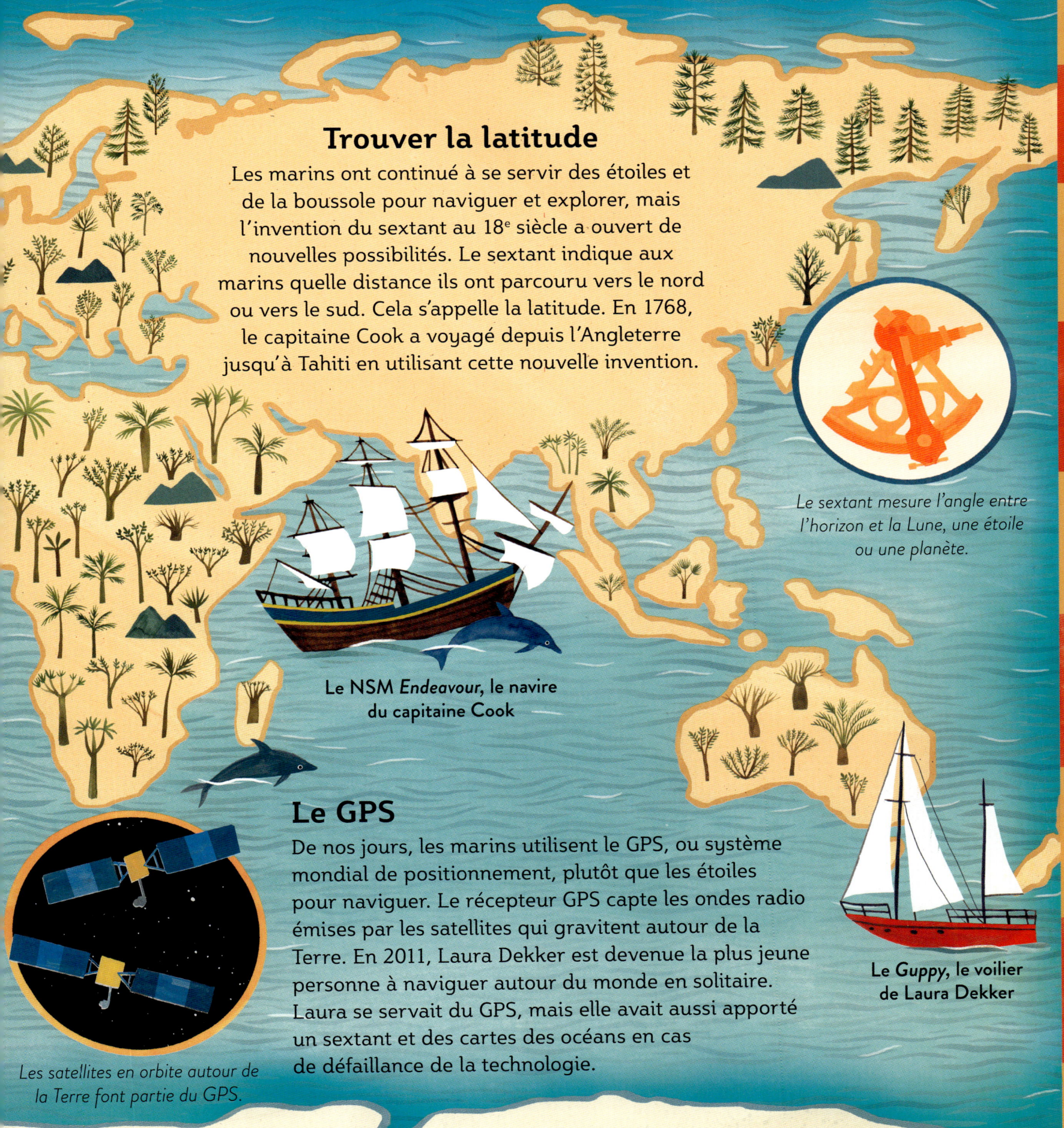

Trouver la latitude

Les marins ont continué à se servir des étoiles et de la boussole pour naviguer et explorer, mais l'invention du sextant au 18e siècle a ouvert de nouvelles possibilités. Le sextant indique aux marins quelle distance ils ont parcouru vers le nord ou vers le sud. Cela s'appelle la latitude. En 1768, le capitaine Cook a voyagé depuis l'Angleterre jusqu'à Tahiti en utilisant cette nouvelle invention.

Le sextant mesure l'angle entre l'horizon et la Lune, une étoile ou une planète.

Le NSM Endeavour, le navire du capitaine Cook

Le GPS

De nos jours, les marins utilisent le GPS, ou système mondial de positionnement, plutôt que les étoiles pour naviguer. Le récepteur GPS capte les ondes radio émises par les satellites qui gravitent autour de la Terre. En 2011, Laura Dekker est devenue la plus jeune personne à naviguer autour du monde en solitaire. Laura se servait du GPS, mais elle avait aussi apporté un sextant et des cartes des océans en cas de défaillance de la technologie.

Le Guppy, le voilier de Laura Dekker

Les satellites en orbite autour de la Terre font partie du GPS.

L'astronomie moderne

L'Antarctique est un lieu vaste, froid et couvert de glace, mais le ciel nocturne y est peut-être plus clair que n'importe où ailleurs sur la Terre. C'est là que se trouve le télescope du pôle Sud, un télescope vraiment très puissant nous permettant de voir à des distances spectaculaires dans notre galaxie, la Voie lactée, pour nous apprendre des choses nouvelles sur l'Univers.

Le télescope du pôle Sud

Bien qu'il soit couvert de glace, le pôle Sud est très sec. Il est ainsi l'endroit idéal pour utiliser un télescope et chercher des signes des tout premiers débuts de l'Univers.

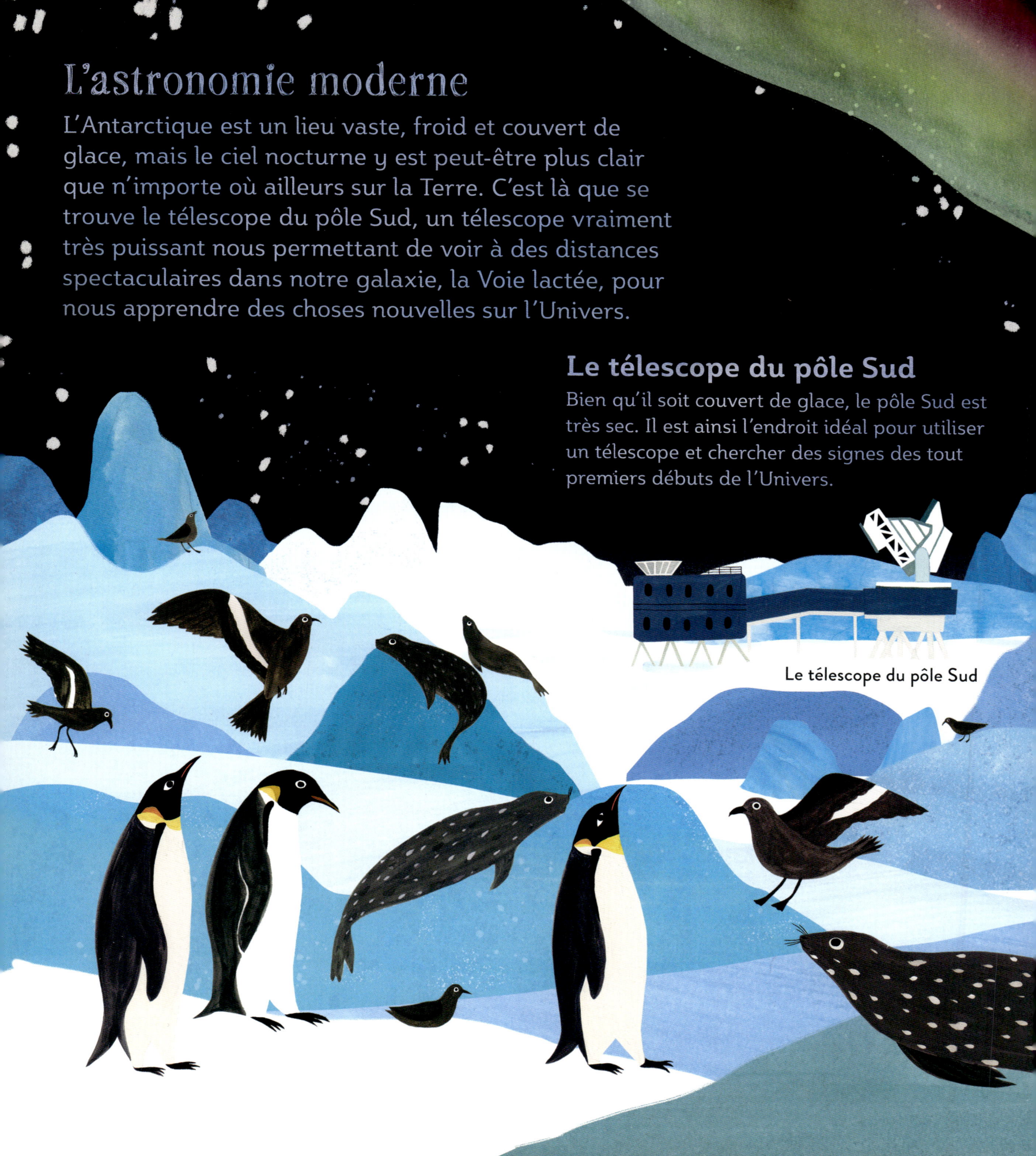

Le télescope du pôle Sud

L'aurore australe

Parfois, de chatoyantes lumières bleues, vertes, rouges et violettes brillent dans le ciel au-dessus des régions polaires. On appelle aurore australe ce fabuleux spectacle de lumières dans l'hémisphère Sud.

La station Amundsen-Scott du pôle Sud accueille environ 150 scientifiques et autres travailleurs en été, et 50 personnes en hiver.

La première lumière

Il y a environ 14 milliards d'années, notre Univers a été créé dans une explosion que nous appelons le Big Bang. La lumière du Big Bang a été enregistrée par le télescope du pôle Sud.

Voyager dans l'espace

Très, très loin au-dessus de nous, dans le noir profond de l'espace, un astronaute flotte à l'extérieur de la Station spatiale internationale (SSI), qui tourne en orbite autour de la Terre. La combinaison spatiale garde la température de l'astronaute constante et lui procure de l'oxygène à respirer. Aujourd'hui, nous ne nous contentons plus de contempler les étoiles : nous avons trouvé des moyens de voyager dans l'espace et d'y vivre!

La Station spatiale internationale

En 1961, Youri Gagarine, un cosmonaute russe, a été la première personne à quitter la Terre et à voyager dans l'espace. Aujourd'hui, jusqu'à six astronautes vivent et travaillent toute l'année à la SSI. Lève les yeux et tu la verras peut-être. C'est le troisième objet parmi les plus brillants dans le ciel nocturne. De la Terre, elle ressemble à une étoile ou à un avion se déplaçant à une vitesse phénoménale.

Le télescope spatial James Webb voyagera à 1,5 million de kilomètres de la Terre pour explorer des galaxies lointaines de notre Univers.

Quand un astronaute sort de la SSI pour effectuer des réparations, on dit que c'est une sortie dans l'espace.

Où sommes-nous?

Comment les astronautes ou les robots font-ils pour trouver leur chemin dans l'espace sans boussole terrestre? Le GPS fonctionne sur la Terre, mais pas dans l'espace. La réponse est qu'ils font comme les marins il y a des milliers d'années : ils regardent les étoiles.

Les animaux et le ciel nocturne

Les animaux, les oiseaux et les insectes se servent aussi du ciel nocturne. Chaque année, des millions de créatures parcourent de grandes distances à la recherche de nourriture, de chaleur ou pour se reproduire. Comment font-elles pour se diriger? Elles cherchent des points de repère comme des rivières, des montagnes ou des forêts et suivent les étoiles qui scintillent dans la nuit.

Le passerin indigo

À l'approche de l'hiver, cet oiseau d'Amérique du Nord s'envole vers l'Amérique du Sud pour un voyage de 3 000 kilomètres. Il vole pendant la nuit, guidé par les étoiles.

✦ L'étoile Polaire

Des lumières guides

Certains animaux ont une boussole interne qui les aide à trouver leur chemin. D'autres utilisent la lumière de la Lune, de l'étoile Polaire ou de Bételgeuse, une étoile brillante dans la constellation d'Orion.

Vols de nuit

Chaque année, des papillons de nuit jaunes aux ailes poudreuses prennent leur envol et se déplacent avec les saisons. Leur boussole interne de même que le vent et la lumière provenant du ciel nocturne les aident à se diriger. Ce sont les seuls outils dont ils ont besoin!

Observer les étoiles

Les étoiles continuent de briller par-delà les lumières diffusées par des millions de lampadaires. De nouvelles étoiles naissent sans arrêt et des lunes brillent sur d'autres planètes. En ce moment précis, des satellites gravitent autour de la Terre et des grains de poussière de l'espace tombent dans l'atmosphère comme des milliers de lucioles.

À cause des lumières brillantes, il est difficile de voir les étoiles. Par une nuit claire, éteins les lumières si tu le peux, laisse tes yeux s'ajuster à la pénombre et tu verras les étoiles!

Une pluie de météores

As-tu déjà vu une éblouissante averse de lumière semblable à celle des néons tomber dans le ciel nocturne? Nous disons qu'il s'agit d'étoiles filantes, mais c'est en réalité une pluie de météores. Les météores sont de petits morceaux de roc ou des grains de poussière qui scintillent en tombant dans l'atmosphère terrestre.

De fascinantes étoiles

Par un soir où le temps est clair, sors à l'extérieur avec un adulte pour observer les étoiles. Apporte une boussole pour trouver le nord et une carte du ciel pour t'aider à identifier les étoiles. Le spectacle t'émerveillera! Quand tu lèveras les yeux, pense à tous les gens qui, au cours de l'histoire, ont regardé le ciel avant toi et vu les mêmes étoiles que tu vois maintenant.